AF262112

ÉTUDES

SUR

LE SERVICE DE SURETÉ

DES

ARMÉES EN CAMPAGNE

PUBLICATIONS DE LA RÉUNION DES OFFICIERS

RÉUNION DES OFFICIERS D'ALGER

ÉTUDES

sur

LE SERVICE DE SURETÉ

DES

ARMÉES EN CAMPAGNE

CONFÉRENCES

FAITES LES 25 ET 28 FÉVRIER 1874

PAR A. LUZEUX

CHEF DE BATAILLON AU 4ᵉ RÉGIMENT DE ZOUAVES

PARIS

CH. TANERA, ÉDITEUR

LIBRAIRIE POUR L'ART MILITAIRE ET LES SCIENCES

Rue de Savoie, 6

1874

ÉTUDES

sur

LE SERVICE DE SURETÉ

DES

ARMÉES EN CAMPAGNE

I

PRÉLIMINAIRES

Notre insuffisance dans le service de sûreté en campagne est le défaut qui nous a été le plus souvent et le plus durement reproché depuis la dernière guerre.

Il nous semble que cette insuffisance doit surtout être attribuée à la routine, provenant d'une part d'une certaine paresse d'esprit, de l'autre d'un scepticisme systématique à l'égard des théories. Pour un assez grand nombre de personnes, l'expérience acquise dans les campagnes des quarante dernières années devait suppléer à tout.

Il y a un siècle, Frédéric II écrivait au général Fouquet : « A « quoi sert l'expérience, si elle n'est guidée par la réflexion ? La « pensée seule, ou pour mieux dire la faculté de combiner les « idées, distingue l'homme de la bête de somme ; une mule « ayant fait dix campagnes sous le prince Eugène n'en sera pas « devenue meilleur tacticien. »

Et le colonel Carion-Nisas ajoutait plus tard avec raison : « D'où il faut conclure que la théorie et les connaissances préa- « lables sont absolument nécessaires ; car alors la moindre pra- « tique développe une grande instruction. A son tour, cette

« instruction jette une lumière féconde sur le petit nombre de
« faits dont on peut être personnellement témoin. »

Dans notre exposé, nous aurons donc le raisonnement pour
guide : nous poserons des principes de nécessité démontrée et
nous en tirerons des déductions. Cette marche permettra de
mieux retenir et, sur le terrain, l'application deviendra à la fois
plus facile et plus sûre.

II

SERVICE DE SURETÉ STRATÉGIQUE

Dans une armée, la *connaissance de ce que fait l'ennemi* est d'une nécessité urgente pour le général en chef, et il faut de plus que cette connaissance soit *aussi complète que possible* et *parvienne en temps opportun*.

De là, *nécessité non moins urgente d'empêcher l'ennemi de savoir ce qu'on fait.*

On satisfait à cette double nécessité en maintenant entre soi et l'ennemi une troupe légère destinée d'une part à aller aux renseignements et à transmettre ceux-ci au commandant en chef, et de l'autre à créer une *sorte de rideau* masquant les mouvements des diverses fractions de l'armée.

Fixons les idées par une application. La guerre est déclarée ; il faut cinq, six, huit jours pour que les armées soient mobilisées et qu'elles commencent à déboucher par les voies ferrées aux endroits où celles-ci traversent la frontière commune aux deux belligérants.

La cavalerie, dont le pied de paix doit différer du pied de guerre moins que dans toute autre arme, s'est mise en mouvement la première, peut-être sans avoir attendu son faible complément de réservistes. Elle s'est étendue le long de la frontière, couvrant les têtes de lignes des chemins de fer et observant les rassemblements de troupes sur le territoire ennemi.

La majeure partie de l'armée étant réunie, il s'agit de se porter en avant, autant pour se donner l'avantage de l'offensive que pour quitter un territoire dont une si grande agglomération d'hommes a épuisé rapidement les ressources.

Sonder les intentions de l'ennemi, afin de prévoir *l'instant et le lieu du premier choc,* masquer en même temps les détails du mouvement offensif de l'armée, tel sera le double rôle de la cavalerie.

Celle-ci sera (abstraction faite de la cavalerie divisionnaire) répandue en une ligne mobile et indépendante des corps qu'elle est chargée de couvrir ; indépendante, car les divers mouvements de ces corps ne doivent pas entraîner des déplacements des diverses fractions de la ligne en question.

Celle-ci sera donc sous la direction immédiate du général en chef. Admettons qu'elle devance l'armée d'une journée de marche ; si le service de transmission des nouvelles est bien organisé, le général en chef sera prévenu vingt-quatre heures environ à l'avance de toute attaque combinée par son adversaire. Il pourra ordonner en temps utile les mesures pour la neutraliser et opérer en toute sécurité.

Le rideau de cavalerie constitue donc *le service de sûreté stratégique* d'une armée.

Remarquons que pour être absolument efficace, le rideau en question devra couvrir non-seulement le front, mais aussi les flancs de l'armée.

Il est probable que l'ennemi adoptera des mesures analogues et se constituera un rideau semblable.

Pour *voir derrière* ce rideau, notre cavalerie emploiera-t-elle la force et cherchera-t-elle à déchirer le rideau ? Fera-t-elle, en d'autres termes, des *reconnaissances offensives ?* En le faisant, elle démasquerait constamment ses vues et s'engagerait probablement dans des combats d'issue douteuse. Les reconnaissances offensives constituent un moyen extrême, nous le verrons ; on aura donc recours à un moyen moins bruyant et plus sûr.

Le rideau de cavalerie ne sera jamais si épais qu'on ne puisse y trouver des lacunes par lesquelles se glisseront quelques hommes audacieux. On pourra aussi tourner les ailes de la ligne ennemie.

Pour ces pointes hardies, on formera de très-petits groupes; pour voir, il n'est pas nécessaire d'être nombreux; pour se mouvoir très-rapidement, il est utile de ne pas l'être. Or, les groupes de cavalerie, après avoir traversé la première ligne du rideau ennemi, devront parcourir de grands espaces à grande vitesse, autant dans l'intérêt de leur sécurité que pour recueillir plus de renseignements.

De plus, il ne s'agit pas de voir si l'ennemi est ci ou là ; il faut savoir en quel nombre, de quelles armes, avec quelles intentions probables, etc.

A la tête de chaque groupe devra se trouver un chef apte par ses connaissances et son expérience à recueillir tous ces détails. Un officier partira donc avec une vingtaine de cavaliers, échelonnera ceux-ci par petits groupes, jusqu'en vue des avant-postes ennemis, et alors, suivi de deux ou trois hommes bien montés, surprendra la vigilance de ses adversaires et pénétrera sur le territoire qu'ils occupent, ou tout au moins se portera sur quelque endroit élevé d'où, muni d'une bonne lunette, il observera les routes, les camps et les cantonnements de l'ennemi.

La relation de la guerre de 1870-1871 par l'état-major prussien fournit plus d'un exemple de ces *patrouilles d'officiers* qui sont, du reste, prescrites par le règlement allemand.

Le rideau de cavalerie, devant couvrir toute l'armée, aura une étendue de 80, 100 kilomètres et plus. Sera-t-il placé sous les ordres d'un chef unique? S'il fallait que toutes les nouvelles, tous les ordres vinssent passer sous les yeux de ce chef, en allant du général aux régiments de cavalerie, il y aurait une perte de temps regrettable et dangereuse pour l'armée.

On divisera, en conséquence, le rideau de cavalerie en fractions de 30 à 40 kilomètres au plus; c'est, du reste, l'intervalle maximum existant entre les voies principales de communication dans l'Europe centrale.

D'un autre côté, le régiment de cavalerie à quatre escadrons d'une centaine de chevaux, réparti par escadron ou par deux escadrons, ne peut couvrir convenablement plus de 15 à 20 kilomètres. Les deux brigades d'une division garderont donc l'espace susindiqué de 30 à 40 kilomètres et auront chacune en réserve leur deuxième régiment.

Les régiments de la première ligne se fractionneront pour occuper les défilés, les nœuds de route, les bourgs et les villes, et rayonneront les uns vers les autres et en avant ; les régiments de la deuxième ligne assureront les derrières, transmettront les nouvelles et les ordres, maintiendront le contact avec l'armée qui s'étend en arrière et soutiendront enfin les premiers en cas de choc.

Poursuivons notre hypothèse. En vue d'une rencontre décisive, les armées se rapprochent ; la distance entre le rideau de cavalerie et le front de l'armée qu'il couvre diminue ; les nouvelles venues de la partie antérieure de ce rideau ne peuvent devancer que de peu de temps les attaques mêmes de l'ennemi. La cavalerie, d'ailleurs, ne forme qu'un *rideau* ; elle n'est point une *cuirasse* arrêtant le choc.

Si parfois, par une résistance glorieuse, elle parvient à donner à l'armée le temps d'opérer un mouvement indispensable, ce n'est qu'au prix de pertes regrettables (Rezonville), et ce n'est là qu'une extrémité.

D'un autre côté, en cet état de choses, maintiendra-t-on l'armée sur le qui-vive, *attendant l'heure inconnue du choc ?* Comment parviendrait-elle à se mouvoir avec ses *impedimenta* indispensables sur le champ de bataille ? Comment ses diverses fractions prendraient-elles le repos si nécessaire à la veille d'une grande lutte ?...

Il est donc urgent de créer un deuxième service de sûreté à rayon plus restreint et de donner à ce service une certaine *puissance de résistance.*

Lorsque les troupes seront formées pour la marche, ou bien lorsqu'elles seront au repos, ou vaquant aux occupations qu'entraînent les besoins de la vie, par sa *puissance de résistance* le service de sûreté en question procurera à ces troupes le *temps nécessaire pour prendre des dispositions de combat;* nous lui attribuerons donc le nom de *service de sûreté tactique.*

III

SERVICE DE SÛRETÉ TACTIQUE

§ 1. — SERVICE DES AVANT-POSTES

Le service de sûreté d'une troupe au repos dans les camps ou dans les cantonnements est constitué par les *avant-postes*. On rattache à ceux-ci les *reconnaissances*, parce qu'elles s'appuient sur la ligne des avant-postes.

Le rôle des avant-postes est défensif. La défense doit se prolonger jusqu'à ce que les troupes en arrière aient pris leur ordre de combat. Lorsque ces troupes n'ont pas le temps de prendre leur ordre de combat, elles sont *surprises*.

Afin de donner plus de solidité à la défense, on y affecte, en outre, des troupes d'avant-postes, des détachements de soutien, formant *les réserves des avant-postes*. Il sera donné plus loin des indications sur l'effectif de ces réserves et l'étendue du front assigné à chacune d'elles.

Le détachement, formant réserve d'avant-postes, est placé dans un endroit constituant, en quelque sorte, le *réduit de la défense*, et désigné pour servir éventuellement de lieu de ralliement aux grand'gardes. Ce lieu prend le nom de *place d'alarme*.

Il est essentiel que tous les chemins permettant à l'ennemi *de tourner* et *d'isoler* cette place soient défendus par les avant-postes.

Du rôle assigné aux avant-postes, il résulte :

1° *Que la ligne qu'ils forment doit constituer une véritable ligne de défense*, et que les avant-postes ne se placeront pas en avant de cette ligne, mais sur la ligne même.

2° Qu'en vertu des règles de la défensive, *on occupera en force les points importants de la ligne,* et qu'on se contentera d'observer les intervalles. Les armes actuelles fourniront des facilités à cet égard. Toutefois, si l'occupation d'un point tel qu'un pont, un défilé, est capitale pour l'armée, ce point ne devra pas entrer dans la ligne des avant-postes; il faudra, pour plus de sûreté, le faire occuper spécialement par une forte garnison et couvrir celle-ci par un demi-cercle d'avant-postes, ayant un rayon que fixeront, ainsi que nous le verrons, le relief du terrain et la valeur défensive du point à garder.

Nous ferons, en conséquence, d'une manière générale, entrer dans la ligne de défense ou ligne des avant-postes les crêtes, les mamelons, les cols, les berges de rivières, les marais, les lisières de forêts, vignobles, houblonnières, les haies, les fossés, et fréquemment soit des habitations, soit des groupes d'habitations. Les voies de communication servant à l'ennemi pour attaquer, nous occuperons spécialement les endroits où elles se croisent entre elles ou bien où elles forment défilé (ponts, levées, parties en déblai, etc.).

De plus, nos avant-postes seront, toutes les fois que cela sera possible, placés de façon à voir au loin sans être vus; leurs abords devront être dégagés, tant contre les surprises que pour l'efficacité du tir. On évitera donc de les adosser à un lieu couvert dont une partie serait habituellement ou éventuellement au pouvoir de l'ennemi. Si la nécessité y obligeait, on prendrait des mesures spéciales de surveillance.

Il reste à fixer la distance à maintenir entre la ligne de défense en question et la troupe principale destinée à être protégée.

Plus cette troupe sera nombreuse, plus le temps qui lui sera nécessaire pour prendre ses dispositions de combat sera long, plus la résistance des avant-postes devra donc se prolonger. Ici, l'espace à maintenir entre la troupe et ses avant-postes doit être considéré comme un élément permettant d'allonger la résistance.

La composition de la troupe à protéger doit, de plus, être prise en considération aussi bien que son effectif. Une troupe nombreuse, pourvue de son artillerie, devra avoir le temps nécessaire pour la déployer hors de la sphère d'action des projectiles de l'ennemi.

En terrain découvert et uni, 3 kilomètres ne seront pas de trop comme distance d'éloignement des avant-postes d'une brigade ou d'une division.

Si le terrain est au contraire couvert, ondulé, etc., la distance pourra être réduite à la moitié peut-être, et moins encore en pays montagneux et dans des circonstances spéciales.

Difficulté des abords facilitant la défensive des avant-postes, relief du terrain lui-même ou des cultures qui le couvrent, effectif et composition des troupes à protéger; tels sont les éléments divers qu'il faudra apprécier pour fixer la distance des avant-postes.

La force des avant-postes doit, évidemment, être réduite à son minimum pour épargner aux troupes les fatigues inséparables de ce service.

Le but des avant-postes étant la résistance, tous les éléments qui nous ont servi à fixer la distance des avant-postes nous fixeront aussi l'effectif à employer.

Comme il est utile, cependant, de donner une moyenne, nous dirons que *1,000 hommes d'infanterie appuyés de 100 à 125 chevaux pourront garder une ligne de 6 à 7 kilomètres.*

Par conséquent, une compagnie de 100 hommes gardera de 600 à 700 mètres.

Ajoutons immédiatement qu'il ne faudrait pas déduire de là qu'une compagnie de 250 hommes (à l'instar des Allemands) devra former un seul poste, une seule *grand'garde* appelée à garder (au prorata ci-dessus indiqué) un front qui irait jusqu'à 1,750 mètres.

Les grand'gardes ne devront, au contraire, jamais être espacées de plus de 1,000 mètres. La compagnie de 250 hommes fournira donc, éventuellement, trois grand'gardes commandées chacune par un officier au moins. 80 à 100 hommes constituent un effectif convenable pour une grand'garde, et, si la composition des corps l'exige, on pourra descendre jusqu'à un effectif minimum de 40 hommes.

Mais des postes éloignés, même de 400 mètres seulement, ne pourraient exercer une surveillance suffisante. On a, en conséquence, l'habitude de les relier par une chaîne de sentinelles et de *petits postes*. Notre règlement prescrit une chaîne de sentinelles simples et de petits postes, dont l'importance exige, pour leur commandement, non-seulement des caporaux, mais encore des sous-officiers, et même des officiers. Exceptionnellement, on place des sentinelles doubles. Le règlement allemand ordonne l'emploi général des sentinelles doubles, et admet, dans certains cas, le placement d'un petit poste détaché, sous les ordres d'un sous-officier. De nombreux écrivains militaires, et le règlement italien, le plus moderne de tous, veulent au contraire n'employer qu'une chaîne de petits postes, dits *à la cosaque*.

Ces petits postes sont composés de 3 ou 4 hommes au plus, dont un ou deux font le guet, tandis que les autres, réunis à quelques pas de là, se reposent sans se désarmer. Ce système a l'avantage de ne pas abandonner les sentinelles à elles-mêmes, d'assurer leur vigilance, et de leur donner plus d'assurance par la proximité du petit poste. Il convient donc aux armées modernes, dont les hommes sont pour moitié, et souvent plus, des réservistes appelés depuis peu de jours et n'ayant pas, par conséquent, repris complétement encore les habitudes militaires.

Le chef du petit poste est habituellement un militaire non gradé (ancien soldat, soldat de première classe); il fait le guet comme les autres, mais a autorité sur eux. Du reste, cette autorité, en fait, trouvera peu à s'exercer, le petit poste n'étant qu'une sentinelle triple ou quadruple; mais le chef du petit poste aura des devoirs à remplir envers le commandant de la grand'garde, qu'il doit tenir au courant de tout ce qu'il aperçoit d'intéressant. L'escouade fournit deux ou trois petits postes; le caporal se tient au poste le plus important, ou au poste central, et fait des rondes fréquentes pour surveiller les autres. Les petits postes sont quelquefois augmentés de nuit et portés à 6 et 8 hommes, aux ordres du caporal.

Pour constituer la ligne couvrant la grand'garde, et la reliant aux voisines, trois ou quatre petits postes suffiront. Le terrain indiquera les intervalles qui les sépareront, et qui ne devront jamais dépasser 300 mètres; l'*intervalle moyen* variera d'après ce que nous avons dit plus haut, entre 125 et 233 mètres.

La distance entre la ligne des petits postes et la grand'garde sera au maximum de 300 mètres.

La ligne des petits postes se confond, dans la plupart des cas, avec *la ligne de défense même*, ligne dont nous avons parlé plus haut : la grand'garde, placée plus en arrière, joue alors le rôle de la réserve d'un peloton de tirailleurs.

Dans le cas très-admissible où, dans l'intérêt de la défensive, la grand'garde est placée elle-même sur la ligne de défense, elle est couverte du côté de l'ennemi, soit par un petit poste, soit par une sentinelle double.

Les sentinelles, qui sont la portion active des petits postes, doivent voir au loin, et en second lieu, s'il est possible, ne pas être vues. Elles doivent être toujours *prêtes à faire feu*; les vedettes doivent donc avoir l'arme à feu à la main, et non le sabre. Elles doivent éviter de tirer sans avoir vu distinctement l'ennemi; mais même lorsque, par suite d'une surprise, la défense deviendrait pour ainsi dire inutile, elles doivent tirer pour avertir.

Tout coup de feu tiré par une sentinelle, même par erreur, doit être expliqué immédiatement au commandant de la grand'garde par un homme envoyé par le chef du poste dont dépend la sentinelle. Les sentinelles sont habituellement relevées toutes les heures ou toutes les deux heures au plus.

Dans les petits postes on ne fait ni feu ni cuisine. Les hommes sont constamment équipés ; ils ont leurs fusils placés à côté d'eux, en faisceaux, ou mieux contre quelque buisson, escarpement, mur, etc. Les petits postes sont relevés toutes les quatre à huit heures le jour, pour leur permettre de prendre à la grand'garde leur nouriture et du repos.

Les petits postes, placés au coucher du soleil, restent détachés, si c'est possible, pendant toute la nuit et ne sont relevés qu'à l'aube. Cette mesure n'est point tant nécessitée par l'obligation de faire le moins de bruit possible pendant la nuit, que par l'utilité d'avoir des hommes connaissant le terrain qui les entoure, parce qu'ils l'ont vu de jour. Une marche pénible, exécutée dans la journée et à reprendre le lendemain, peut faire départir de cette règle.

Pour la même raison, on s'abstiendra de changer les petits postes au milieu de la nuit. Un changement reconnu utile ne s'effectuera qu'au moment du crépuscule, afin d'induire l'ennemi en erreur ; mais il ne doit pas être retardé au delà.

De jour, des signaux peuvent être faits entre la grand'garde et les petits postes les plus éloignés, afin d'appeler l'attention dans une direction donnée ; mais ils ne doivent pas dispenser le chef de poste d'envoyer à son commandant de grand'garde de plus amples détails, par l'intermédiaire d'un homme du poste.

De jour et de nuit, les petits postes et les grand'gardes se mettent sous les armes à l'approche d'une troupe armée.

2

De jour, les sentinelles ne reconnaissent pas elles-mêmes les rondes, les patrouilles et en général toute troupe armée; elles avertissent seulement le chef de poste qui, dans ce cas, reconnaît la troupe. Toutefois, si celle-ci est plus forte que le poste, dès qu'elle est aperçue, elle doit être signalée à la grand'garde, quand bien même elle paraîtrait amie. Le chef de la grand'garde la fait reconnaître par une patrouille *ad hoc*.

De nuit, la sentinelle, entendant quelqu'un s'approcher, crie : *Halte-là!* et fait feu si on ne s'arrête à ce cri répété une deuxième fois. Si la personne s'arrête, la sentinelle crie : *Qui vive!* et si l'on répond : *Ronde, patrouille*, etc., la sentinelle crie : *Aux armes!* Si elle est devant un petit poste ou devant la grand'garde, le poste ou la garde se forme en armes. Le mot d'ordre et le mot de ralliement sont donnés comme dans les places de guerre. Si, exceptionnellement, la sentinelle est isolée, elle crie : *Avance au ralliement!* également comme dans les places.

Si le chef de la troupe qui s'approche ne s'avançait pas seul ou ne donnait pas le mot, la sentinelle et le poste feraient feu sur lui et sa troupe.

Souvent, pour éviter tout bruit dans le service des rondes, on remplace le *Qui vive!* par des *signes*. La sentinelle fait alors la *première* un signe convenu; on lui répond par un *autre* signe convenu également.

En remplacement d'un petit poste, et parfois en outre de ceux-ci, une grand'garde peut en placer d'autres, savoir :

1° *Le poste d'examen.* — C'est, en général, le plus important après le poste principal; il n'y en a qu'un par grand'garde. Il est composé de 6 hommes au moins, sous les ordres d'un sous-officier, ou même d'un officier; il est placé sur le bord du chemin principal qui traverse la ligne occupée par la grand'garde.

Afin d'éviter toute erreur ou méprise, nul ne doit traverser la ligne ailleurs qu'au poste d'examen; cette consigne doit même être imposée aux officiers de l'état-major ; on n'en excepte que les officiers de la grand'garde et les patrouilles, parce que chaque sentinelle est à même de les connaître.

Toute personne, venant de l'armée et qui cherche à forcer la ligne des sentinelles doit être poursuivie à coups de fusil.

Le poste d'examen ne doit pas faire de difficulté pour laisser arriver à lui les habitants venant du dehors ; le chef les fait fouiller très-minutieusement et s'empare des lettres dont ils peuvent être porteurs ; il les envoie au commandant de la grand'garde, par une escorte qui amène en même temps les personnes arrêtées.

Le commandant de la grand'garde les interroge, afin d'obtenir le plus de renseignements possible sur l'ennemi ; il consigne ceux-ci dans son rapport journalier et y joint les lettres saisies. En cas de soupçon, ou même lorsqu'il y a intérêt à faire interroger de nouveau les personnes à l'état-major, l'arrestation est maintenue, et les personnes sont escortées de poste en poste jusqu'au lieu indiqué.

En principe, on n'autorise pas les habitants à traverser la ligne des avant-postes, pour aller du côté de l'ennemi, parce qu'on permettrait à celui-ci d'avoir des renseignements toujours faciles à obtenir par intimidation, lorsqu'ils ne sont pas donnés volontairement.

Les parlementaires doivent être arrêtés à distance par le poste d'examen ; le chef du poste reçoit les dépêches et les expédie au commandant de la grand'garde ; il reste auprès du parlementaire, pour empêcher toute indiscrétion. Celui-ci doit avoir le visage tourné du côté opposé au poste, et l'on s'abstient absolument d'entrer en conversation avec lui. Le commandant de la grand'garde donne reçu de la dépêche, et le parlementaire doit ensuite se retirer sur-le-champ. Les dépêches apportées sont envoyées au commandant des avant-postes, et de là, à l'état-major de la brigade.

Les déserteurs doivent déposer leurs armes à distance du poste d'examen. Ils ne s'approchent que successivement, et marchent ensuite sous escorte. Le chef du poste d'examen fait, à cet effet, prendre les armes à son poste et demande au besoin du renfort à la grand'garde.

Les déserteurs sont envoyés, le plus tôt possible, au commandant des avant-postes, et de là à l'état-major de la brigade.

2° *Les postes de vigie.* — On les place dans les clochers, les pigeonniers, sur les mamelons, ou même sur les arbres. L'homme de vigie est pourvu d'une lunette (on en réquisitionne à cet effet dans le voisinage, s'il est besoin). Les hommes de poste doivent être choisis; un sous-officier les commande, il contrôle très-fréquemment leurs observations; on leur adjoint un ou deux cavaliers pour porter les dépêches, si la distance l'exige. Les vigies peuvent être établies assez en arrière des grand'gardes, mais aussi quelquefois en avant des petits postes. On les conserve même la nuit. La lueur des coups de fusil dans le lointain, celle de feux de bivouac, le bruit des voitures, toujours plus perceptible dans un endroit élevé, etc., sont des indices bons à recueillir. Les postes de vigie sont chargés parfois de faire des signaux de correspondance avec l'état-major de la brigade. Ils reçoivent, à cet effet, une consigne, et au besoin des fanions, ou tous autres objets propres à faire des signaux.

3° *Les postes d'éveil.* — Connus aussi sous le nom de sentinelles volantes, éclaireurs, enfants perdus, etc.; ils sont poussés, de jour comme de nuit, au loin, en avant des avant-postes, se placent en dehors, mais près des chemins, ne font pas de feu et restent cachés; ils changent parfois d'emplacement sans se relier entre eux ou à la grand'garde autrement que par des signaux convenus à l'avance. On n'emploie à ce service que des volontaires ayant une certaine expérience.

Ils forment des groupes de 2 à 4 hommes au plus.

4° *Les postes détachés.* — Ils remplacent un petit poste lorsque l'emplacement de celui-ci a une importance exceptionnelle pour la défensive. Ils se composent de 12 à 20 hommes et fournissent quelquefois deux sentinelles.

De nuit, grand'gardes et petits postes sont établis sur l'emplacement où ils doivent se défendre.

Les grand'gardes d'infanterie n'étant ordinairement relevées que toutes les vingt-quatre heures, on tolère qu'elles fassent des feux pour la cuisine, mais, autant que possible, seulement le jour et de façon à les cacher à l'ennemi. Si, par suite du placement retardé des grand'gardes, il faut faire des feux de cuisine la nuit, on s'attache à en dissimuler même la lueur produite par le reflet.

La nourriture des hommes détachés aux petits postes est préparée à la grand'garde par des cuisiniers de leur escouade.

Les corvées de vivres doivent être faites, pour les grand'gardes, par les compagnies placées en arrière.

La moitié des hommes de la grand'garde peut dormir, mais en conservant l'équipement.

Si la grand'garde occupe une maison, on la placera dans le vestibule ou la grange, plutôt que dans les chambres où le bien-être amènerait trop de relâchement dans la vigilance. On conservera au moins deux issues, afin de ne pas se trouver bloqué en cas de surprise. On placera une à trois sentinelles pour donner l'éveil et rendre compte de ce qui se passe à l'extérieur et surtout aux petits postes. On formera une patrouille qui se tiendra constamment prête à marcher sur-le-champ en cas de bruit d'alarme.

Nous avons dit que la cavalerie divisionnaire contribue au service d'avant-postes.

Entremêler sur la ligne les grand'gardes de cavalerie et celles d'infanterie est *une faute*.

Les grand'gardes doivent *résister de pied ferme*, et cela est absolument contraire à l'action de la cavalerie. La cavalerie *secondera* donc l'infanterie en l'éclairant au loin pendant le jour et l'avertissant des attaques dirigées contre elle.

Elle contribuera largement au service des découvertes et presque exclusivement à celui des reconnaissances dont nous parlerons plus loin. Elle fournira de jour des postes d'éveil ou de vigie au loin en avant de la ligne, et, en observant le terrain du haut des ondulations qui limitent l'horizon dans un rayon de 1 à 2 kilomètres, elle augmentera très-notablement l'efficacité du service de sûreté.

Elle fournira des cavaliers d'ordonnance aux postes de vigie de l'infanterie et aux grand'gardes.

Elle fera enfin, même de nuit, des patrouilles sur les chemins qui conduisent de la réserve d'avant-postes à la ligne des postes.

Les cavaliers en vedette sont quelquefois à pied le jour, mais toujours à cheval la nuit; ceux des petits postes sont pied à terre habituellement, ont la bride au bras et ne doivent pas dormir, mais veiller à ce que les chevaux ne s'échappent pas. On les relève toutes les quatre heures au moins.

A la grand'garde, on peut de jour faire manger et boire les chevaux successivement en deux fractions; les cavaliers de la fraction en observation montent à cheval pendant le temps du repas et redoublent de surveillance.

On peut aussi, dans certains cas, permettre de relâcher les sangles d'une partie des chevaux de la grand'garde.

En principe, il vaudra mieux s'en tenir aux prescriptions les plus sévères et relever les cavaliers de la grand'garde deux fois au moins dans les vingt-quatre heures.

Les prescriptions que nous venons d'énumérer concernent spécialement la cavalerie divisionnaire dont le service est étroitement lié à celui de l'infanterie des corps d'armée. Quant à la cavalerie, formée en divisions indépendantes en dehors des corps d'armée, nous avons déjà exposé au chapitre précédent son rôle dans la période où la distance entre les deux armées comporte plus d'une journée de marche. Dans le chapitre suivant, nous aurons lieu de parler de son rôle, lorsque la distance en question est diminuée.

Le premier placement des grand'gardes est réglé par brigade et spécialement confié, soit aux chefs de corps, soit à l'officier supérieur commandant les avant-postes. Il est désirable que ces deux fonctions soient réunies dans une même personne. Dans tous les cas, le commandant des avant-postes est spécialement responsable du service pendant les vingt-quatre heures.

Afin qu'il y ait de l'unité et de l'ordre dans la conduite à tenir devant l'ennemi, il est bon que le commandant des avant-postes réunisse préalablement les chefs des grand'gardes qui lui seront subordonnés et leur expose en quelques mots la situation, les intentions supposées à l'ennemi, la liaison à établir entre les diverses grand'gardes, les postes qui seront placés en arrière des gardes pour les soutenir, les routes qui conduisent de ces soutiens aux gardes, et enfin la résistance qu'il est indispensable d'opposer à l'ennemi pour remplir la mission des avant-postes.

Avant de donner ses ordres, il aura dû avoir jeté un coup d'œil sur le terrain à garder, et, dans cette reconnaissance rapide, se sera fait escorter et couvrir par des cavaliers de l'avant-garde.

Le commandant des avant-postes assistera ensuite au placement même des grand'gardes et des petits postes. Afin que ce dernier se fasse en toute sécurité, les commandants des grand'gardes détacheront, en avant de la ligne, des escouades pour fouiller et surveiller le terrain. Ils ne les rappelleront à la grand'garde qu'après que tous les postes auront été établis. Le commandant des avant-postes fait aussi faire, à ce moment, quelques découvertes par les cavaliers dont il dispose.

Les grand'gardes et réserves de grand'gardes restent sous les armes pendant tous ces préliminaires.

Il est utile que le chef de chaque grand'garde établisse au crayon un croquis, même le plus sommaire, des emplacements de tout son monde, et le transmette au commandant des avant-postes. Cette disposition est réglementaire en Allemagne, en Italie, etc.

Pour augmenter la puissance de résistance des grand'gardes, on peut ordonner qu'elles creusent des tranchées-abris, organisent défensivement des habitations, etc. Ces mesures étaient soumises, autrefois, à une autorisation préalable du général de brigade. Avec les armes actuelles, elles doivent être prises d'office par les commandants de grand'gardes, dans la mesure des forces du personnel sous leurs ordres. Les outils ne doivent pas être attendus du parc du génie, mais réquisitionnés d'office sur les lieux mêmes. En relayant les travailleurs, on pourra obtenir de grands résultats avec un chiffre restreint d'outils.

Le mot sera transmis aux grand'gardes, non par l'intermédiaire de l'adjudant-major de semaine, vu l'éloignement habituel des grand'gardes dans le service actuel, mais par le commandant des avant-postes.

Le chef de la grand'garde en donne un provisoirement, s'il ne reçoit à temps celui de la brigade. Le mot ne constitue pas une garantie absolue; c'est un moyen de se reconnaître, mais qui, lorsqu'il survient le moindre doute, ne doit jamais dispenser de chercher des garanties plus sérieuses.

Dans le cas où l'armée stationne, le relèvement des grand'gardes n'offre point de particularités; le chef de chaque grand'garde envoie à la réserve d'avant-postes un guide pour les gardes montantes.

Parfois, on prescrit de doubler les postes pendant les premières heures du jour, en faisant monter les nouvelles gardes avant l'aube ; c'est une mesure fatigante qui ne peut être dictée que par des motifs urgents.

Si l'armée se remet en marche, les grand'gardes ne quittent leur poste que lorsqu'elles sont dépassées par l'avant-garde et les flanqueurs, c'est-à-dire qu'elles sont remplacées dans leur mission.

Dans le cas d'une retraite, elles se retirent sur l'ordre du chef de l'arrière-garde.

Le chef d'une grand'garde est *responsable sur son honneur* envers l'armée et ses chefs si l'ennemi parvient à *le surprendre,* et, par suite, à *surprendre les troupes placées en arrière.*

La défense la plus opiniâtre est une règle qui lui est imposée sans aucune restriction. Pour remplir ce devoir, il *n'a droit d'attendre aucun secours venant de derrière.* Il doit compter sur sa troupe, sur lui-même, et sur les moyens accessoires de défense qu'il aura pu créer. Il se retire sur l'avis du commandant des avant-postes, mais en aussi bon ordre que possible, et toujours en combattant ; car il ne saurait arrêter trop longtemps l'ennemi.

Si le commandant des avant-postes préfère combattre l'ennemi sur le terrain des grand'gardes, il détache du monde pour renforcer celles-ci, dès qu'elles sont attaquées. Dans le cas contraire, il dispose sa troupe dans la position défensive qu'il a choisie, afin d'y recueillir les grand'gardes lorsqu'il aura autorisé celles-ci à se replier.

Il continue la résistance dans cette position.

Il ne peut se retirer sur la brigade que sur l'ordre de son général.

C'est à celui-ci qu'il appartient, lorsqu'il a pris toutes ses dispositions de combat, de ne pas laisser succomber de braves gens dans une lutte inégale.

Le terrain des avant-postes constitue une zone de combat ; il ne sert donc jamais de *lieu de rassemblement* à la brigade. La mise en bataille de celle-ci serait, sinon mise en question, du moins très-retardée.

En résumé, *le devoir des grand'gardes est de se sacrifier, s'il le faut, pour assurer le salut de l'armée.*

Il appartient au tact du chef de la grand'garde de ne pas alarmer tout le monde pour un motif futile; mais, en cas de doute, il se rappellera qu'il vaut mille fois mieux alarmer à tort que d'être surpris.

Lorsqu'une sentinelle aperçoit au loin le moindre indice de l'ennemi, elle avertit le chef du poste dont elle dépend; celui-ci vérifie le fait, fait le signal à la grand'garde, s'il y a lieu, mais dépêche toujours un homme pour avertir de vive voix. La grand'garde envoie reconnaître par une patrouille commandée par un sous-officier ou un officier, selon l'importance présumée du danger.

Si l'ennemi est peu nombreux (une découverte, par exemple), il faut chercher à le surprendre. A cet effet, on profitera du terrain ou des cultures qui le couvrent; on s'abstiendra de barrer le passage à l'ennemi en restant caché; on lui laissera plutôt la route libre, et une patrouille gagnera ses flancs ou ses derrières, afin de lui couper la retraite et de l'envelopper. On courra sus à la baïonnette, et, si l'on est forcé de faire feu, ce sera à petite distance.

Si l'ennemi est nombreux et s'avance hardiment, l'alarme devra être donnée sur toute la ligne, qui sera aussitôt renforcée par la grand'garde aux points importants. A grande distance, les postes pourront faire des *salves* sur les assaillants. Celles-ci seront spécialement efficaces si les distances aux points saillants en avant de la ligne ont été reconnues à l'avance dans la limite de 1,000 mètres. Les salves serviront, du reste, à avertir les réserves plus rapidement peut-être que les ordonnances dépêchées à cet effet.

De nuit, on usera des salves tirées à bout portant par des

pelotons dissimulés derrière des abris, et l'on *s'abstiendra* rigoureusement *de tirailler à l'avance.* Plus la salve sera inopinée, plus son effet moral sera grand : une seule salve pourra peut-être faire échouer l'attaque de l'ennemi. On redoublera les salves tant qu'éventuellement la clarté relative de la nuit le permettra. On s'abstiendra de courir en masse sus à la baïonnette. Mais si l'attaque n'est pas renouvelée de suite, on fera explorer le terrain en avant afin d'éventer la position de l'ennemi, s'il tient encore quelque part.

Selon la consigne, le chef de la grand'garde envoie, au moins une fois par jour, un rapport au commandant des avant-postes.

Il y comprend le rapport des découvertes faites par sa garde. Il distingue ce qu'il a vu, ce qu'ont vu les patrouilles, en donnant le nom et le grade de leur chef, et enfin ce qu'elles ont appris des habitants. Il note les heures avec le plus grand soin. En cas d'événement important, il envoie immédiatement un rapport sommaire.

Nous avons déjà parlé fréquemment de la réserve d'avant-postes. Il en est établi une pour une étendue maximum de 5 à 6 kilomètres d'avant-postes. De plus, le terrain devra offrir des communications directes relativement faciles entre la réserve et les gardes.

Si, exceptionnellement, une brigade avait un front d'avant-postes de plus de 6 kilomètres, on créerait deux réserves et deux commandants d'avant-postes pour la brigade.

En thèse générale, le quart, ou au plus la moitié de l'avant-garde d'une colonne, suffit pour former la ligne des grand'gardes ; le reste de l'avant-garde forme la réserve d'avant-postes ; celle-ci est donc au moins égale à la troupe placée en avant-postes et au plus au triple.

La réserve est aux ordres directs du commandant des avant-postes ; elle est établie dans une position défensive, à moitié chemin entre la brigade et les grand'gardes, et près de la route principale.

Elle comprend l'artillerie de l'avant-garde, mais sans parc de munitions. Les pièces sont à l'avant-train, et parquées de façon à se dégager facilement en cas de surprise.

L'infanterie et la cavalerie se tiennent prêtes à prendre les armes. La cavalerie a une partie des chevaux sellés.

Des postes, établis sur les chemins menant aux grand'gardes, relient celles-ci à la réserve.

Les ponts et les défilés intermédiaires sont confiés à des détachements de soutien spéciaux.

Des vigies interrogent de jour et de nuit l'horizon, de façon à transmettre instantanément, si c'est possible, les alarmes produites aux grand'gardes.

Les bagages ne doivent pas stationner à la réserve d'avant-postes.

Ainsi qu'il est d'usage dans les places de guerre, le service des avant-postes comporte, pour son contrôle, des *rondes* et des *patrouilles dites de surveillance.*

Les rondes sont faites par un militaire gradé, accompagné de 2 à 4 hommes en armes, suivant son grade.

Les patrouilles de surveillance sont composées de 4 à 8 hommes aux ordres d'un caporal ou d'un sous-officier; elles circulent soit en dedans de la ligne des petits postes, soit sur cette ligne; elles doivent visiter les postes extrêmes des grand'-gardes voisines. On a attribué à ces patrouilles une efficacité telle qu'on a cru qu'elles pouvaient remplacer une partie des petits postes; mais il faut observer qu'une surveillance attentive exige qu'on soit de pied ferme, que les patrouilles produisent une *agitation nuisible* (règlement italien) sur la ligne des petits postes; qu'elles sont très-fatigantes après une forte marche par la pluie, la neige, etc.; qu'alors surtout elles donnent lieu à des méprises et à de fausses alarmes.

On en fera donc peu dans ces circonstances, et plus lorsque l'armée aura fait séjour. On n'omettra pas de leur faire visiter les postes qui relient la grand'garde à la réserve, afin de s'assurer que les communications sont libres.

L'ordre de marche d'une patrouille est celui que nous allons indiquer pour les découvertes.

Le service des avant-postes ne comprend pas seulement une surveillance passive sur une ligne déterminée, mais encore une surveillance active, s'exerçant d'une façon analogue à celle des divisions de cavalerie en avant de l'armée, quoique dans un rayon plus restreint.

Cette surveillance comprend :

1° *Les découvertes,* qui sont des patrouilles de quelques hommes fournis par la grand'garde, et mobilisés par ordre de son chef pour l'utilité immédiate de la garde ;

2° *Les reconnaissances,* détachements plus nombreux ordonnés par le général de brigade, et fournis par la réserve d'avant-postes.

Dans tous les cas, on aura en vue la règle posée par le maréchal Bugeaud : les reconnaissances devront donc être ou très-fortes, ou très-faibles.

S'il s'agit seulement d'aller aux renseignements, un effectif plus nombreux que ne le nécessite la liberté d'action indispensable au chef de la reconnaissance, n'est qu'un embarras.

S'il s'agit de vaincre une résistance, il faut alors être en nombre largement suffisant à cet effet, sous peine d'essuyer un échec. Il faudra donc que la résistance à vaincre ait été appréciée préalablement par les reconnaissances ordinaires.

Le général en chef a seul le droit de prescrire des reconnaissances offensives ; car souvent, dans le but de les soutenir, de véritables combats finissent par s'engager sans préparation, et, par suite, dans des conditions détestables ; il ne faut pas perdre de vue, également, que les détachements faits peu de jours avant une bataille, s'ils rentrent à temps, rentrent toujours éreintés de fatigue, ou pis encore, battus, et ne peuvent jamais contribuer très-utilement à la lutte décisive. On les répute donc avec raison comme des gages d'insuccès.

Les découvertes n'agissent que dans la limite de la portée des armes de l'infanterie (1,000 à 1,500 mètres); elles assurent la sécurité des petits postes, et fouillent dans la zone indiquée ci-dessus le terrain dérobé à leur vue.

Les reconnaissances d'infanterie s'éloignent jusqu'à 4 kilomètres, et celles de cavalerie plus loin encore, si c'est possible.

La consigne générale des reconnaissances et des découvertes est : *Voir et ne pas être vu, autant que possible.* Une reconnaissance aperçue de loin court des dangers plus grands que celle qui s'avance inaperçue. Comme complément de la consigne, nous ajouterons : *Eviter le combat;* car on peut y laisser des prisonniers, qui peut-être fourniront, ne serait-ce que par leur uniforme et leur numéro, des renseignements utiles à l'ennemi. Le service des reconnaissances est spécialement dévolu à la cavalerie, comme à l'arme la plus légère. En pays de montagnes seulement, l'infanterie peut la remplacer avec quelque avantage.

Les reconnaissances doivent s'occuper de se renseigner non-seulement sur l'ennemi, sur sa position, sa force, mais aussi sur le terrain. Pour embrasser plus d'espace, elles reviennent parfois par un chemin différent.

Comme moment favorable, on choisira le point du jour; on pourra mieux s'approcher de l'ennemi sans être aperçu, on parviendra peut-être à enlever quelque sentinelle négligente, quelque petit poste, quelque découverte. Ce dernier genre d'opérations ne doit jamais être autorisé avec beaucoup de monde; dans le cas contraire, ce serait une véritable reconnaissance offensive.

On doit aussi faire des reconnaissances le soir, afin de s'assurer que l'ennemi n'est pas en mouvement, et qu'il ne s'est pas rapproché.

On ne doit pas recommencer les reconnaissances aux mêmes heures et par les mêmes routes.

Pendant les reconnaissances, les grand'gardes restent sous les armes ; au besoin, des groupes laissés en vigie, entre elles et les reconnaissances, les avertissent de la marche de l'opération.

Nous sommes ici obligés de faire une distinction entre le cas où le rideau de divisions de cavalerie est en avant de l'armée, et celui où il a été refoulé, les deux armées n'étant qu'à faible distance.

Dans le premier cas, les reconnaissances ne constituent qu'une garantie supplémentaire de sécurité ; elles s'assurent qu'un choc imprévu n'a point déchiré, en avant d'elles, le rideau en question, et que l'ennemi ne s'est point interposé entre l'armée et son rideau de cavalerie.

Dans le second cas, l'importance des reconnaissances et même des moindres découvertes devient extrême. Par suite du rapprochement des deux armées, une lutte est imminente. La prévoir, ne fût-ce que de quelques heures, constitue un immense avantage. Or, dans cette occurrence, les divisions du rideau de cavalerie se sont retirées : 1° entre les corps d'armée, maintenant leurs têtes d'avant-garde à hauteur de celles de ces derniers; 2° *principalement sur les flancs de l'armée*, qu'elles doivent *éclairer très au loin.*

Prévenir les mouvements tournants est une nécessité dont nous avons fait une douloureuse expérience. Les divisions de cavalerie, placées ainsi aux ailes de l'armée, s'étendront donc le plus possible dans ce but.

Celles qui se trouvent intercalées entre les corps d'armée agiront de concert avec la cavalerie divisionnaire des corps d'armée voisins. C'est donc à elles et à la cavalerie divisionnaire que reviendra le service très-important des reconnaissances en avant de la ligne des avant-postes.

Terminons par l'exposé de l'ordre de marche des découvertes et des reconnaissances.

Ordre pour une découverte de 3 à 8 hommes. Un ou deux hommes en pointe à 100 pas, si c'est de l'infanterie; à 300, si c'est de la cavalerie; un ou deux flanqueurs à 100 ou 300 pas de distance sur le flanc menacé.

Ordre pour une découverte de 8 à 16 hommes. 2 hommes en pointe, 2 en queue, 2 sur le flanc menacé.

Une reconnaissance d'une vingtaine d'hommes met en pointe 3 hommes, dont un caporal. Ses flanqueurs sont éventuellement plus nombreux.

Il est indispensable, en toutes circonstances, même dans une plaine unie, de marcher avec une avant-garde et des flanqueurs, etc.

Le terrain change généralement si l'on parcourt une certaine étendue; le moindre fossé peut, du reste, cacher une embuscade fatale à une troupe aussi faible qu'une découverte ou une reconnaissance.

Si la reconnaissance s'arrête, tout le système mobile qui la couvre s'arrête avec elle, et les flanqueurs fouillent le terrain jusqu'à 500 mètres, si c'est de l'infanterie; jusqu'à 1,000 et 1,200 mètres, si c'est de la cavalerie.

Une reconnaissance de 100 à 300 hommes marche dans l'ordre suivant : un quart de l'effectif à l'avant-garde; — une dizaine d'hommes à l'arrière-garde; — des flanqueurs dans la proportion d'un quart de l'effectif au plus. L'avant-garde et l'arrière-garde se maintiennent à 200 mètres du gros, si c'est de l'infanterie, et à 500 mètres, si c'est de la cavalerie.

Les avant-gardes et arrière-gardes de ces reconnaissances marchent dans l'ordre prescrit pour une découverte, mais pour l'arrière-garde cet ordre est inverse. On désigne une patrouille de 2 hommes pour servir de liaison à mi-chemin entre le gros et l'avant-garde; on en fait autant pour l'arrière-garde. Les flanqueurs s'éloignent à 200 mètres, et plus si c'est de la cavalerie.

Les reconnaissances, en battant en retraite, renforcent leur arrière-garde dans la proportion de l'avant-garde pour la marche en avant.

Les reconnaissances ne s'engagent dans les villages, les bois, les défilés, etc., qu'après les avoir fait fouiller par leur avant-garde et avoir pris des renseignements auprès des habitants. En pays ennemi, on prend même des otages. Dans les mêmes circonstances la présence, dans les rangs de la reconnaissance, d'hommes connaissant la langue du pays, offre des avantages très-grands.

Le chef de la reconnaissance doit, en s'avançant, remarquer avec soin les points du terrain qui lui seraient utiles en cas de retraite.

Nous avons déjà dit qu'en cas de rencontre avec l'ennemi, le chef de la reconnaissance doit éviter le combat; toutefois, si un corps ennemi marche hardiment sur les avant-postes, le chef de la reconnaissance ne doit pas hésiter à annoncer cette attaque par un signal visible de loin (incendie de meule, etc.), et à se porter à sa rencontre pour la retarder. Il fait prévenir sans délai les avant-postes par une ordonnance montée.

Toute reconnaissance comporte, au retour, un rapport où il est fait mention distincte de ce que l'officier a vu et de ce qu'il a appris par les habitants, les prisonniers, etc. Il ne faut pas oublier, lorsque l'ennemi a été signalé précédemment dans un endroit, de mentionner qu'il n'y est plus, s'il a quitté cet endroit. Il est presque indispensable de joindre au rapport un levé à vue du terrain parcouru.

§ 2. — SERVICE DE SÛRETÉ EN MARCHE

Une troupe en marche a besoin, pour sa sûreté, d'être entourée de détachements mobiles, remplissant le rôle des avant-postes, à l'égard des camps et cantonnements.

Ces détachements sont : 1° l'*avant-garde*, si l'on s'avance vers l'ennemi ; 2° l'*arrière-garde*, si l'on bat en retraite ; 3° les *flanqueurs*, si un des flancs ou tous les deux sont menacés.

Une troupe n'a besoin de ces trois éléments à la fois que si elle est absolument isolée ; souvent un seul suffit.

1° **Avant-garde.** — *Le but de l'avant-garde est de permettre à la troupe qu'elle précède de passer de l'ordre de marche à l'ordre de combat*, ou, en d'autres termes, de permettre son déploiement. Il s'agit donc de *gagner toujours du temps, et quelquefois du terrain.* Ce principe nous démontre, après ce que nous avons dit des avant-postes, combien, à la guerre, *le temps est un élément de force.*

L'avant-garde d'une troupe nombreuse devra, pour remplir son but, être elle-même une troupe assez nombreuse, qui permette à la première de se déployer : celle-ci aura donc sa propre avant-garde.

On voit donc que cette avant-garde *ne marchera pas en bloc*, mais se fractionnera en détachements d'autant plus petits qu'ils seront plus rapprochés de l'ennemi, et la pointe d'avant-garde se composera toujours d'un caporal et de deux éclaireurs.

Remarquons que la division est l'unité la plus faible pouvant, par sa composition, se suffire à tous égards pour le combat. Aussi, lorsqu'un corps d'armée s'avance sur une route, dès que la division qui marche en tête sera déployée, le combat réel sera engagé. L'avant-garde d'une colonne, si nombreuse qu'elle soit, se borne donc à donner à la division de tête le temps de se déployer. En supposant que cette division soit, comme il est de règle, débarrassée de tous ses bagages et de son parc, combien faudra-t-il de temps pour qu'elle puisse se déployer?

On peut dire qu'il suffira d'une heure et demie à trois heures. Le terrain pourra présenter des obstacles au déploiement; mais s'il est difficile et coupé, cela favorisera d'autant la défensive de l'avant-garde.

Avec les armes actuelles, quel que soit donc le terrain, l'avant-garde d'une division, telle que nous la formerons, pourra, dans les *limites de temps indiquées*, résister convenablement à une troupe très-supérieure en nombre; c'est du reste avec l'avant-garde de celle-ci qu'elle aura d'abord à lutter.

En définitive, l'avant-garde la plus nombreuse à considérer sera celle d'une division; elle se fractionnera ainsi qu'il suit :

> Pointe d'avant-garde;
> Tête d'avant-garde;
> Extrême avant-garde;
> Avant-garde (gros).

Ceci posé, il y a deux cas à distinguer : ou bien le général en chef connaît la position de l'ennemi, qui attend son attaque, et dès lors l'avant-garde sera spécialement composée pour engager le combat. Le cas rentre donc dans la tactique du combat. Ou bien on s'avance vers l'ennemi, ne sachant pas ses intentions, ni même exactement ses positions, et dès lors le général ne sait même pas si, le cas échéant, il acceptera sur-le-champ le combat. Il faut donc que la conduite de l'avant-garde cadre avec cette éventualité.

Attaquera-t-elle? Que l'ennemi soit prêt à lutter, ou qu'il ne le soit pas plus qu'on ne l'est soi-même, dans les deux cas la lutte s'engagera sans préparation, c'est-à-dire dans des conditions *excluant un résultat décisif*, et même dans des conditions détestables, si l'ennemi a choisi son terrain et pris ses dispositions.

La lutte sera toujours sanglante, si l'on a un adversaire digne de soi; grâce à l'ardeur des troupes marchant à l'appel du canon, on pourra ne pas enregistrer un échec; peut-être même remportera-t-on un succès; mais il sera incomplet et chèrement acheté. Une victoire n'est décisive que lorsqu'elle est préparée et dirigée depuis le début de la lutte jusqu'au dénoûment.

L'avant-garde s'arrêtera-t-elle? Son chef demandera-t-il des instructions pour poursuivre sa marche?

Ce serait un premier échec moral. Non : l'avant-garde devient ici un avant-poste; son devoir est le même. Elle agira donc en *manœuvrant offensivement,* profitant, si l'ennemi cède, gagnant surtout du temps et évitant la lutte décisive.

Pendant ce temps, le général en chef, ou son suppléant au corps d'armée, déploiera au moins une division, et la lutte, si elle doit être continuée, le sera d'après un plan; elle ne restera pas livrée au hasard ou au caprice d'un inférieur.

Certains cas spéciaux se présentent à l'esprit. L'avant-garde pourra avoir reçu pour mission de gagner, dans la journée, quelque défilé important, que lui aura signalé le général. Si elle parvient à le faire avec une partie de son effectif, elle devra s'y masser et le défendre avec ténacité.

Elle évitera de le quitter pour se porter soit en avant, soit en arrière.

D'un autre côté, une avant-garde, poursuivant un ennemi battu, doit attaquer vigoureusement et sans retard l'arrière-garde de cet ennemi, toutes les fois que le site favorisera cette offensive à outrance. Il s'agira d'achever l'œuvre de destruction commencée par le combat.

Le sentiment de la situation est donc indispensable au chef de l'avant-garde; il servira quelquefois de frein à son ardeur.

L'extrème avant-garde, dans les circonstances ordinaires, devra spécialement n'être pas forte. Son rôle est de servir d'avant-garde au gros de l'avant-garde. Or, cette dernière troupe se déploie très-rapidement, n'ayant à sa disposition qu'une batterie, et point de parc. L'extrême avant-garde remplira donc sa mission, *surtout en éclairant* le gros de l'avant-garde. L'arme mobile, la cavalerie, devra donc y prédominer. En ne lui adjoignant pas d'infanterie, ou en ne lui en adjoignant que très-peu, on ôtera à son chef les tentations d'engager une lutte intempestive.

Le gros de l'avant-garde doit être assez fort en infanterie pour remplir sa mission. D'ailleurs, la place du général commandant la divison de tête se trouve à l'avant-garde.

Cependant, en vue de toute éventualité, il est utile de ne point mettre trop d'infanterie à l'avant-garde. Le combat est un puissant dissolvant des bataillons ; moins on en mettra à l'avant-garde, plus il y en aura de disponibles pour la lutte décisive. Les bataillons d'avant-garde devront suffire à une lourde tâche avec peu de monde ; l'armement actuel le leur permettra, *au moins pendant un certain temps*. On ne perdra pas de vue que d'ailleurs l'infanterie, une fois engagée, est très-difficile à retirer du combat sans échec.

L'artillerie sera représentée à l'avant-garde par une batterie, de façon que le moindre obstacle n'arrête pas l'infanterie. D'ailleurs, le bruit du canon sera le signal de l'accélération de la marche pour toute la colonne.

Il est évident, enfin, qu'afin de rétablir les voies de communication, peut-être endommagées par l'ennemi, l'avant-garde sera dotée d'une compagnie du génie.

L'avant-garde d'une division se composera donc de :

Un régiment d'infanterie ;
Un régiment de cavalerie, ou au moins trois escadrons ;
Une batterie ;
Une compagnie du génie ;
Une section d'ambulance légère.

ORDRE DE MARCHE. — *Pointe.* — Un brigadier et 2 cavaliers. — 300 mètres d'intervalle.

Tête. — Un peloton de cavalerie, — 300 mètres d'intervalle et 2 cavaliers de liaison; — le reste de l'escadron, — 400 mètres d'intervalle et 1 brigadier et 4 cavaliers de liaison.

Extrême avant-garde. — Le reste du régiment de cavalerie — un bataillon d'infanterie — la compagnie du génie — 400 mètres d'intervalle et 1 brigadier et 4 cavaliers de liaison.

Avant-garde. — Un bataillon d'infanterie — la batterie — un bataillon d'infanterie — l'ambulance légère.

Plus, entre l'avant-garde et la division, *un intervalle d'une heure de marche,* soit 4,400 mètres, surveillé par une patrouille de cavalerie.

Si nous ajoutons au total des intervalles (5,800 mètres) la longueur approximative des colonnes formées par les corps de troupe de l'avant-garde (1,400 mètres), nous trouvons un total de plus de 7 kilomètres entre la pointe d'avant-garde et la tête de la colonne principale. Si un système de relais de cavaliers a été organisé pour transmettre les nouvelles, on voit que la division de tête aura facilement une heure et demie au moins à partir du moment où l'ennemi sera signalé, pour se mettre en ordre de combat, même en supposant une résistance assez faible de l'avant-garde.

De la composition et de l'ordre de marche adoptés pour l'avant-garde d'une division, il sera facile de déduire les mêmes éléments pour des colonnes de moindre effectif.

Toutefois, *à titre de renseignement pour des exercices de service en campagne,* nous donnerons ici l'ordre de marche pour un bataillon d'infanterie isolé et sans cavalerie.

ORDRE DE MARCHE. — *Pointe.* — Un caporal et 2 hommes — 100 mètres d'intervalle.

Tête d'avant-garde. — Une demi-section — 200 mètres d'intervalle et 2 hommes de liaison.

Avant-garde. — Le reste de la compagnie — 200 mètres d'intervalle et 2 hommes de liaison.

Gros. — Le bataillon — 100 mètres d'intervalle — une demi-section d'arrière-garde — 100 mètres d'intervalle — 1 caporal et 2 hommes.

2° Arrière-garde. — Il ne peut être question ici de l'arrière-garde d'une troupe s'avançant vers l'ennemi.

Dans ce cas, l'arrière-garde n'a pas un but de tactique, mais un but de *police.* Maintenir le bon ordre sur les derrières des colonnes, arrêter les maraudeurs, etc., telle sera sa mission ; nous n'avons pas à nous en préoccuper ici.

Quand on bat en retraite devant l'ennemi, l'*arrière-garde est une troupe qui a pour but de donner à l'armée le temps de s'éloigner sans combattre.* La tâche présente d'énormes difficultés.

L'arrière-garde ne peut, comme l'avant-garde, attendre du secours de l'armée qu'elle couvre ; car celle-ci s'éloigne en toute hâte, et l'arrière-garde devra, en combattant s'il le faut, gagner plusieurs heures au moins chaque jour, tant que durera la retraite. Elle ne reculera devant aucun sacrifice pour remplir sa mission.

Ce sont donc les attaques de l'ennemi qui régleront les mouvements de l'arrière-garde ; elle aura aussi à tenir compte des ressources que présente le terrain pour la défense, et des difficultés qu'il offre pour se mouvoir.

Une pareille mission demande de bonnes troupes et des chefs énergiques et expérimentés ; elle explique le renom acquis par les généraux d'arrière-garde. Il faudra se déployer sur les positions favorables, pour faire face à l'ennemi, le forcer à se déployer lui-même ; puis, le temps qu'il est nécessaire de gagner étant acquis, disparaître rapidement pour reprendre plus loin une nouvelle position, ou, dans le cas contraire, se défendre avec ténacité sur la première position.

En principe, l'arrière-garde devra être aussi forte que possible. Mais, d'un autre côté, on sera peut-être limité par le chiffre des troupes restées intactes à la suite d'une affaire malheureuse, et, dans tous les cas, par la nécessité de faire battre en retraite cette arrière-garde elle-même, mouvement que le terrain permettra rarement d'exécuter en bloc.

Nous avons vu que le quart de l'infanterie de la division (un régiment au plus) serait employé à l'avant-garde; à l'arrière-garde, on en emploiera la moitié (une brigade). On y mettra de plus trois à quatre batteries d'artillerie, afin de lui donner la plus grande valeur défensive possible, et de forcer l'ennemi à déployer lui-même beaucoup d'artillerie, ce qui exigera du temps. L'artillerie est, du reste, une arme qu'on retire facilement du combat, propriété utile à l'arrière-garde.

Le génie y sera représenté pour effectuer la destruction des voies de communication.

La cavalerie y figurera, moins pour maintenir le contact avec l'ennemi, que pour remplir la mission si importante d'éclairer très au loin *les flancs des colonnes en retraite*. Dans le combat, elle tournera les détachements ennemis qui se seront trop aventurés.

La défensive passive ne doit pas être la règle de conduite de l'arrière-garde.

Quand, pour gagner du temps, le combat ne pourra être évité, on aura recours au *retour offensif*, c'est-à-dire à l'offensive exécutée sur un terrain déjà exploré et connu, et d'après un plan combiné à l'avance dans tous ses détails.

Le retour offensif s'exécutera avec des troupes non immédiatement engagées, et aussitôt que les bataillons de l'extrême arrière-garde, en battant en retraite, les auront démasquées. *L'action du feu* (artillerie et infanterie) sera utilisée *en la concentrant*, pour briser le premier élan de l'ennemi acharné à la poursuite; elle sera complétée par un mouvement tournant, indispensable pour que le retour offensif ait quelque succès. La cavalerie manœuvrera offensivement contre le flanc, qui ne sera pas l'objet du mouvement tournant, afin de donner le change, s'il est possible, dans les premiers instants.

Il faudra ne pas s'acharner à son tour à la poursuite, et savoir s'arrêter et se retirer à temps.

Un retour offensif ne doit jamais être répété d'une façon identique deux fois de suite.

3° **Flanqueurs.** — Une troupe d'un effectif ne dépassant pas celui d'un bataillon ou de deux escadrons, dès qu'elle se trouve détachée de l'ensemble de l'armée et envoyée soit en avant, soit sur les flancs (dans le cas d'une reconnaissance, par exemple), organise un service de flanqueurs, pour ne pas être surprise par une attaque de flanc.

Le service des flanqueurs doit être poussé à la même distance de la troupe principale qu'il a été indiqué pour les avant-gardes. Ainsi, les flanqueurs d'un bataillon d'infanterie iront jusqu'à 500 mètres des flancs de la colonne; ceux d'un groupe de deux escadrons iront à une distance double.

Pour circuler, les flanqueurs devront, en général, non marcher à travers champs, mais suivre des chemins ou des sentiers; comme cependant il se pourra que cette manière de faire rencontre de sérieux obstacles dans la pratique, on y substituera le *flanquement par exploration des chemins latéraux.* Voici comment on l'exécutera :

La troupe destinée à fournir les flanqueurs marchera avec l'extrême avant-garde. A tous les embranchements, elle fera explorer par une patrouille le chemin latéral, si le terrain qu'il traverse, dans la zone à fouiller par les flanqueurs, n'est pas absolument découvert.

La patrouille exploratrice laisse un ou deux hommes à l'embranchement même, s'engage sur le chemin, fouillant à droite et à gauche tous les endroits couverts. Elle laisse un homme en védette à chaque sinuosité et au sommet de chaque ondulation, de façon à rester en communication avec les hommes postés à l'embranchement. La patrouille s'avance ainsi jusqu'au terme indiqué. Si elle aperçoit l'ennemi, elle en transmet la nouvelle par signal convenu jusqu'au chemin principal, et un des deux hommes postés à l'embranchement court au détachement le plus proche pour prévenir. Si, en dehors du chemin principal et des chemins latéraux, des endroits couverts, fermes, hameaux, etc., se trouvaient dans la zone à observer, on y enverra, même à travers champs, une patrouille de flanqueurs, qui agira comme pour un chemin latéral.

Le chef du détachement de flanqueurs laisse à la queue du gros un sous-officier pour rallier les patrouilles de flanqueurs, lorsqu'elles reviennent sur le chemin principal. On pourvoit au remplacement du détachement primitif de flanqueurs avant qu'il ne soit épuisé, et il prend dans la colonne tel rang que lui assigne le chef, dès qu'il a été complétement épuisé, puis rallié. En tout cas, il ne le fait qu'à une halte.

Le service de flanqueurs est très-fatigant pour des hommes à pied; il ne convient qu'à la cavalerie, sauf dans des circonstances spéciales.

Nous avons vu que les fortes colonnes n'étaient point éclairées par leur avant-garde à 500 mètres seulement, comme on le fait pour le bataillon; il s'agit alors de kilomètres. Le système de flanquement par exploration des chemins latéraux n'est donc plus applicable.

On flanque les fortes colonnes avec des colonnes plus petites dites flanquantes; ces colonnes flanquantes utilisent le réseau des chemins et sentiers, se dirigeant à peu près parallèlement à la route principale et à une distance moyenne égale à celle qui a été fixée entre le gros et son avant-garde extrême. Elles se flanquent elles-mêmes extérieurement, c'est-à-dire du côté opposé à la colonne principale, soit par des patrouilles flanquantes, soit par le système de flanquement par exploration des chemins latéraux, si ce dernier est applicable.

En fait, voici comment le service sera organisé :

Pour marcher et pouvoir éventuellement se déployer rapidement, un corps d'armée nombreux se fractionne en plusieurs colonnes, prenant des directions à peu près parallèles.

Si la distance entre ces colonnes n'est pas de plus de 3 kilomètres, il suffira que l'extrème avant-garde envoie de temps à autre sur les chemins latéraux une petite patrouille destinée à s'assurer de l'endroit où se trouve la tête de la colonne voisine.

Si la distance varie entre 3 et 10 kilomètres, il faudra qu'une des colonnes, ou toutes les deux, détachent une petite colonne flanquante, de façon que toute la zone comprise entre les deux colonnes soit sillonnée, parallèlement à la direction générale, de 3 en 3 kilomètres environ.

La force de ces colonnes flanquantes variera de deux à quatre pelotons de cavalerie. Elles s'observent toutes, du moins de temps à autre, de façon que leurs pointes d'avant-garde se trouvent à peu près à hauteur des têtes d'avant-garde des colonnes principales.

Si la distance entre celles-ci s'élève jusqu'à une journée de marche, elles devront être reliées par des colonnes flanquantes de toutes armes.

Quant aux *ailes extérieures de l'armée*, nous avons dit que lorsque le rideau de cavalerie est en avant de l'armée, il doit pourvoir, par l'extension de son front, à la sécurité des ailes. Si le rideau a été refoulé sur l'armée, il se sera constitué, ainsi que nous l'avons dit, une agglomération assez considérable de cavalerie sur les ailes, pour que le service de flanqueurs y soit poussé très au loin, et au minimum à une journée de marche.

Si, sur le front de la ligne de bataille, il se trouvait précédemment quelque lacune trop grande entre deux corps d'armée, elle sera vraisemblablement remplie par une des divisions de cavalerie ramenées en arrière, et cette division fera l'office de forte colonne flanquante pour les deux corps voisins.

Partout où les divisions de cavalerie feront défaut, la cavalerie divisionnaire les remplacera. Le service d'avant-garde absorbant le régiment de la division de tête de chaque corps d'armée, le service de flanqueurs, s'il doit être fait sur une grande échelle, sera confié au deuxième régiment de chaque corps d'armée.

Dans le cas où l'armée exécute une marche de flanc stratégique, elle doit se couvrir du côté présumé de l'ennemi par un rideau de cavalerie, qui sera *de pied ferme* et poussera ses reconnaissances le plus loin possible.

Ce rideau devra être composé d'éléments indépendants des corps d'armée, c'est-à-dire de divisions de cavalerie. Au fur et à mesure que l'armée s'avancera, les fractions qui se trouvent à l'aile opposée à la direction du mouvement exécutent *à l'abri des autres* des marches rapides et viennent se reformer face à l'ennemi, à l'autre aile du rideau.

§ 3. — MODIFICATIONS APPORTÉES AU SERVICE DE SURETÉ, SOIT AU REPOS, SOIT EN MARCHE, DANS DES CIRCONSTANCES SPÉCIALES

1° **Avant-postes irréguliers ou de marche.** — Lorsque l'armée s'avance à fortes marches, que les corps de troupe arrivent tard, de nuit même, dans leurs camps et cantonnements, et qu'ils doivent les quitter le lendemain avant le jour, toutes les prescriptions données dans les paragraphes précédents ne peuvent toujours, faute de temps, recevoir leur application. Cependant la sûreté de l'armée ne doit pas être mise en question.

Placer des avant-postes ne demande pas un temps très-long;

il en est autrement lorsqu'il s'agit de les coordonner. Dans les circonstances dont nous parlons, on supplée au défaut de coordination par l'emploi de forces plus nombreuses au service d'avant-postes.

Une ligne d'avant-postes continue et solide ne pouvant plus couvrir l'armée, on placera des avant-postes, non-seulement en avant des corps les plus avancés, mais même de ceux qui se trouvent immédiatement derrière eux; car peut-être tel point qui, d'après l'ordre général, aurait dû être occupé à telle heure, ne l'a pas été à la suite de quelque rencontre dont on n'a pas encore connaissance. Chaque camp et cantonnement envoie des grand'gardes sur les routes conduisant à l'ennemi; si deux camps ou cantonnements sont assez rapprochés pour coordonner leur service de sûreté, celui-ci n'en sera que plus efficace.

L'étude du réseau des chemins, et la reconnaissance de l'ordre général de marche de l'armée, pourront donner à ce système improvisé une valeur presque égale à celui du système régulier.

D'ailleurs, l'ennemi n'a pu l'étudier, puisqu'il a été improvisé successivement et fort tard dans la journée; il ne peut donc *combiner une attaque de nuit,* toujours chanceuse, même quand on a tous les renseignements nécessaires.

Remarquons de plus que si l'armée est cantonnée, au moins en partie, en occupant tous les villages, elle occupe en même temps tous les nœuds de routes, de chemins, etc.; que, de plus, le général peut ordonner spécialement l'occupation des défilés qui ne sont pas commandés par des centres de population.

Il devient donc presque impossible à l'ennemi de se mouvoir impunément dans ce réseau de points, ayant tous une grande valeur défensive.

Il ne pourra attaquer que les cantonnements ou les camps les plus avancés; or, ceux-ci se trouvent dans les conditions habituelles des troupes d'avant-postes.

Comme mesure de sûreté spéciale, disons que les fermes, les hameaux, les ponts, etc., situés autour des cantonnements et sur les divers chemins, jusqu'à 2 kilomètres de distance, doivent être occupés par des compagnies détachées; que chaque cantonnement ou camp doit avoir une vigie, si les localités le permettent; qu'une place d'alarme doit être assignée à chaque bataillon, chaque régiment, chaque brigade; que les routes permettant de tourner et de cerner les places d'alarme doivent être gardées, et l'on aura une idée de l'ensemble du système d'avant-postes de marche.

Enfin, afin de se garantir d'une attaque au moment où les troupes reprennent, le lendemain, leur formation de marche, on fera partir de meilleure heure l'avant-garde, et l'on recommandera à la cavalerie qui s'y trouve un service très-actif de reconnaissances, afin d'être orienté au sujet de l'ennemi, s'il est possible, dès le début de la journée.

2° **Avant-postes la veille ou le soir d'une bataille**.
— Lorsque deux armées sont en présence, prêtes à lutter le lendemain, chacune d'elles est, en général, assez bien renseignée sur les forces de l'autre, sur leurs positions, etc. Il s'agit surtout d'avoir le plus de gages de succès, et, à cet égard, la possession de tel ou tel point du champ de bataille a parfois une extrême importance. Le même cas se représente après une bataille indécise, lorsque les deux parties veulent recommencer la lutte le lendemain, ou que l'une d'elles veut couvrir sa retraite. Dans tous les cas, on est à portée des armes à feu aux lignes les plus avancées; les troupes bivouaquent formées en ordre de combat, ainsi que leur artillerie. Le service de la cavalerie est presque nul sur le front de bataille, mais combien ne doit-il pas être *actif sur les ailes, afin de déjouer les manœuvres tournantes qui commencent peut-être à s'effectuer, grâce à l'obscurité !*

Le service des avant-postes d'infanterie doit être des plus rigoureux. On y emploie des forces souvent doubles de celles qui sont habituelles.

La défense de la ligne des avant-postes doit être maintenue avec la dernière opiniâtreté; ici, des secours viendront de bonne heure, vu le rapprochement des distances; mais il n'en résulte pas moins que, par suite de la facilité avec laquelle une surprise peut s'exécuter au milieu de la nuit, la plus grande vigilance doit être observée.

Ajoutons que le service des reconnaissances sera fait par des groupes de deux ou trois éclaireurs (enfants perdus) d'infanterie, mieux que de toute autre façon; car des détachements nombreux amèneraient la reprise momentanée du combat. L'officier qui se présentera pour diriger un de ces groupes d'éclaireurs sera à même de rendre les plus grands services.

Faut-il remonter bien haut dans l'histoire militaire pour trouver des exemples de villages ou d'autres points importants vaillamment disputés pendant un jour et enlevés, presque sans coup férir, pendant la nuit, grâce à une surprise vigoureusement menée? Jamais l'officier, aux avant-postes, n'a une mission plus grave, une responsabilité plus grande que dans ces circonstances; car les conséquences d'une négligence auront presque toujours une importance capitale.

3° **Avant-postes d'une armée de blocus.** — Lorsqu'un corps d'armée en bloque un autre, dans une place ou un camp retranché, il doit être numériquement ou moralement supérieur à ce dernier.

Toutefois, afin d'assurer l'investissement, il choisit une série de positions tactiquement bonnes. Il ne cherche pas à trop serrer l'assiégé, en y sacrifiant l'avantage des positions; car il y userait ses munitions et ses troupes.

Les positions en question seront fortifiées et munies d'artillerie de campagne. En avant d'elles se trouveront les avant-postes destinés à préserver les garnisons des positions de toute attaque inopinée.

Dans ce cas, les avant-postes n'opposent qu'une résistance momentanée, à laquelle le commandant de la position qu'ils couvrent peut mettre un terme, dès qu'il a pris ses mesures pour recevoir les assaillants.

La résistance des petits postes aura d'ailleurs toujours l'heureux effet de jeter un certain trouble dans les premiers rangs de l'attaque.

Dans le service ordinaire, le réseau des sentinelles sera très-serré, de façon à intercepter toute communication entre la place et le dehors. Des patrouilles doubleront la surveillance des petits postes.

Afin que leur marche la nuit, pendant les pluies, les temps de neige, etc., ne donne lieu à aucune erreur d'itinéraire, les chemins à suivre seront jalonnés distinctement, au besoin par un fil télégraphique tendu à 0^m,50 du sol.

Des postes d'éveil (enfants perdus, éclaireurs) seront envoyés en avant des grand'gardes et exploreront les positions ennemies le plus près possible.

On établira aussi de nombreux postes de vigie.

La transmission des nouvelles se fera avantageusement au moyen de la télégraphie aérienne (avec des fanions) ou de la télégraphie électrique. On usera aussi de signaux d'artifice et de sonneries pour dénoncer les attaques, mais de façon à ménager un échec aux assaillants, lorsqu'on pourra, sans danger, laisser approcher ceux-ci à petite distance, après avoir éventé leur marche.

§ 4. — SERVICE DE SURETÉ EN AFRIQUE

Le service de sûreté habituel en Europe doit subir des modifications quand on opère contre les populations insurgées en

Algérie ; nous n'énoncerons que les principales de ces modifications.

L'ennemi qu'ont à combattre nos colonnes attend rarement le choc de pied ferme ; il ne forme pas de corps organisés, il n'a pas d'artillerie.

En raison de son armement défectueux, il ne peut entreprendre rien de sérieux contre nos troupes arrêtées et sur leurs gardes. Il ne peut agir que contre les colonnes en marche, et il choisit alors la tactique la plus facile à suivre ; il attaque nos arrière-gardes. Si dans les montagnes il fait ferme quelque part, il saura profiter des avantages du terrain et construira même quelques retranchements grossiers pour se mettre à l'abri de nos balles.

De notre côté, nous opérons dans un pays qui, lorsqu'il est insurgé, ne nous fournit pas de ressources en vivres. Les colonnes transportent à leur suite leurs approvisionnements de tout genre, et le soldat couche toujours sous la tente-abri.

Le camp sera établi à proximité de l'eau et autant que possible du bois ; l'infanterie (qui est chargée de la défense du camp) s'établira de façon à faire face de tous les côtés ; l'artillerie, les munitions, les vivres, l'ambulance et même souvent la cavalerie, seront placés au milieu du quadrilatère de l'infanterie.

L'assaillant n'ayant comme armes que d'assez mauvais fusils à portée efficace restreinte, les avant-postes ne devront pas être à grande distance des faces du camp. On ne les placera cependant pas à cinquante pas, ce que reproche le maréchal Bugeaud.

Comme ailleurs, on profitera autant que possible du relief du terrain pour le placement des avant-postes. Il n'y aura pas de réserve d'avant-postes, mais un piquet établi au centre du camp, près du commandant de la colonne.

Si, dans la nuit, une vive fusillade survenait contre une des faces du camp, on s'abstiendra d'y répondre. Les hommes se formeront en silence derrière les faisceaux sans y toucher, à moins d'ordre. Les grand'gardes ne devront pas répondre au feu de l'ennemi, si ce n'est à bout portant.

En général, contre le tir des Kabyles on protégera les grand'-gardes et les petits postes par des retranchements rapides faits en terre et quelquefois en pierres sèches.

En plaine, l'ordre de marche est en carré avec tous les *impedimenta* au centre. Il est bon d'employer la cavalerie à flanquer à distance les quatre faces du carré; l'inobservation de cette règle nous a valu quelques combats malheureux.

Les cavaliers indigènes (réguliers ou irréguliers), par leur connaissance du pays et des habitudes des insurgés, sont particulièrement aptes à ce service.

L'ordre de marche en carré ne peut plus être observé en pays de montagnes. On place, dans ce cas, à l'avant-garde une force d'infanterie suffisante pour ouvrir le passage à la colonne. Puis vient le convoi toujours nombreux. Afin de le protéger contre les attaques, on peut organiser le service de flanqueurs au moyen de troupes cheminant latéralement par monts et par vaux.

On place alors à la suite de l'avant-garde les troupes destinées à faire le service de flanqueurs; les premières compagnies vont occuper, sur les flancs du convoi, les positions dominantes les plus rapprochées; les autres défilent au milieu de cette espèce de tiroir, et vont occuper les positions immédiatement suivantes; le mouvement se continue ainsi, de façon à nous procurer successivement la position de tous les points culminants du terrain à droite et à gauche de la route suivie.

Ces points restent occupés pendant tout le temps nécessaire au passage du convoi; la queue de celui-ci est protégée par une forte arrière-garde. Les compagnies postées sur les flancs se replient sur la colonne, dès que leur protection n'est plus nécessaire à l'arrière-garde.

Si l'effectif de la colonne ne permet pas de n'employer qu'une seule fois les mêmes compagnies au flanquement, on profitera d'une halte pour rétablir les troupes dans l'ordre de marche primitif.

Lorsqu'une colonne passe d'un bassin dans un autre, il est utile de la masser au col qui livre passage à la route. On occupera fortement les hauteurs dominant le col, et l'on cherchera, si l'ennemi est pressant, à exécuter un retour offensif pendant que le convoi descend sur l'autre versant.

Tout ce que nous avons dit au sujet des retours offensifs d'une arrière-garde trouvera une application fréquente dans la guerre d'Afrique.

Il sera utile de préparer ces retours sous forme d'embuscades.

Des pertes sérieuses ne peuvent être en effet infligées à un ennemi qui combat en tirailleurs que par des feux à petite distance, partant par exemple d'embuscades. Or, en infligeant des pertes sérieuses à l'ennemi, on se délivre de ses attaques pour le restant de la journée, et l'on provoque même la soumission. Plus qu'ailleurs, une poursuite prolongée est interdite à l'arrière-garde (1).

---

(1) Il y aurait lieu de parler aussi ici du service de sûreté organisé sur les derrières de l'armée ; ce service rentre dans celui des étapes dont le commandant a charge de maintenir libres les communications entre l'armée et son pays. Nous pensons que le service en question doit donc être exposé dans un travail sur les étapes.

IV

CONCLUSION

Le service de sûreté en campagne comprend la plus grande partie de la petite guerre, de la guerre des fractions moindres, des compagnies, des bataillons. Il est donc plus particulièrement du ressort des officiers de section, des capitaines, des chefs de bataillon.

Il arrive parfois qu'après une faute commise dans ce service, un échec subi, l'officier subalterne se plaint de n'avoir pas reçu d'instructions préalables sur sa mission. Il serait utile qu'il rentrât en lui-même, et se demandât si presque toutes ces instructions qui, dit-il, lui ont fait défaut, n'étaient point les règles mêmes de l'art.

Une étude approfondie du service de sûreté apprend que l'officier subalterne y agit surtout d'après des principes reposant sur des bases invariables; son rôle ne dépend pas tant des instructions de son chef, que des règles déduites des principes en question.

Pour appliquer ces règles, il faut de la décision, du jugement.

Au milieu des combinaisons si multiples de temps, de terrain et de forces que présente le service de sûreté, l'expérience, même très-grande, ne suffira pas toujours pour trouver la formule exacte de la solution. Il faut la réflexion : celle-ci sera d'autant plus féconde qu'elle aura déjà été exercée par l'étude de la question en temps de paix.

La présence du danger ne donne pas, en général, plus de clairvoyance; tantôt elle rend moins hardi dans la décision, tantôt elle aveugle sur les conséquences de celle-ci.

Les études préalables seront donc un utile auxiliaire dans les circonstances difficiles.

De plus, dans le service de sûreté, la nécessité du sacrifice pour le salut commun revient à chaque pas. Agiter souvent cette idée du sacrifice nécessaire est une sorte de gymnastique morale, qui ne peut qu'élever les sentiments de l'officier, lui faire concevoir la plus haute idée des devoirs imposés à celui qui exerce un commandement dans le service que nous avons étudié, et le pénétrer de la nécessité d'acquérir toutes les connaissances nécessaires pour l'accomplissement du devoir, sous peine d'être l'auteur non excusable d'un échec, d'une défaite peut-être.

Les principes qui ont été énoncés dans ces conférences sont peut-être nouveaux pour quelques officiers. Notre règlement, qui a plus de quarante ans de date, ne les consacre pas toujours d'une façon explicite; mais depuis quarante ans, que de changements dans les armes et les armées, et, par suite, dans l'art de la guerre ! Il est donc utile de consulter les règlements étrangers, qui ne datent, en général, que de quelques années, et qui ont tenu compte des progrès accomplis.

Nous avons voulu initier nos camarades à ces prescriptions, dont un grand nombre a reçu la sanction d'une guerre heureuse, pour nos adversaires, il est vrai !

Que cette circonstance ne nous fasse pas les rejeter; méditons-les, au contraire; rapprochons-les des faits dont nous avons été témoins, et, dans cette étude, nous trouverons, outre l'instruction indispensable, un motif d'espoir après nos désastres, et la France en tirera un jour, espérons-le bien, un sujet de légitime orgueil.

Orléansville, le 7 mars 1874.

TABLE DES MATIÈRES

Documents manquants (pages, cahiers...)
NF Z 43-120-13

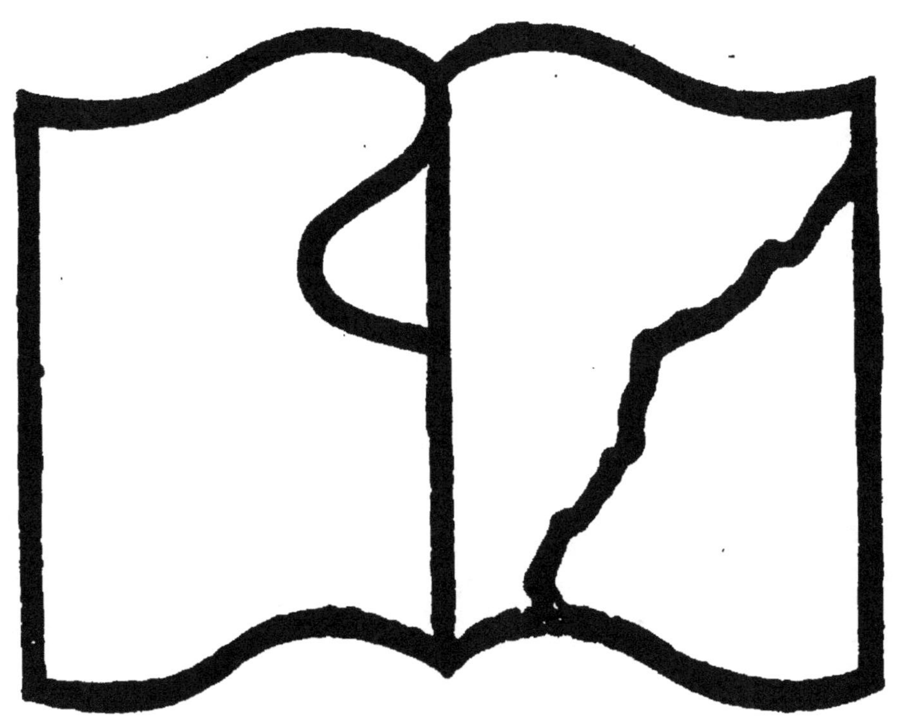

Texte détérioré — reliure défectueuse
NF Z 43-120-11

9 782013 362986